LA

FAMILLE

CUNEO D'ORNANO

(Généalogie, Biographies, Bibliographie)

D'APRÈS

DES DOCUMENTS AUTHENTIQUES

1908

TOUS DROITS RÉSERVÉS

LA
FAMILLE
CUNEO D'ORNANO

(Généalogie, Biographies, Bibliographie)

D'APRÈS

DES DOCUMENTS AUTHENTIQUES

1908

TOUS DROITS RÉSERVÉS

CUNEO D'ORNANO

ARMES : Parti : au 1 d'argent aux deux lions affrontés de gueules enfonçant un coin d'or dans un bloc du même, le tout supporté par une terrasse de sinople ; au 2 de gueules à la tour d'or adextrée de la colonne d'argent, la base et le chapiteau d'or, sommée d'une couronne du même. — COURONNE : Marquis. — DEVISE : Sbuco e brucio.

Le croquis ci-dessus est la reproduction d'un dessin du xviie siècle.

AVANT-PROPOS

La Famille Cuneo, devenue Cuneo d'Ornano, est originaire d'Italie. Elle remonte certainement au delà du XIIe siècle et compte parmi ses ancêtres, peut-être les fondateurs de la ville piémontaise qui porte son nom, et, en tout cas, un Podestat de la République de Sienne, deux Connétables du Royaume de Naples, un Ambassadeur près le Saint-Siège, etc. Etablie à Gênes, dès le XIVe siècle, elle a donné à cette République de nombreux et hauts Magistrats, puis de là s'est perpétuée à Ajaccio, à Rome, en France, où elle s'est alliée successivement et notamment aux Ornano, aux Bozzi, aux Colonna, aux Baciculapo, aux Gentile, aux Ponte, aux Centurione, aux Bacciochi, aux Folacci, aux Christen, aux Sebastiani, aux Stephanopoli, aux Versini, aux Peraldi, aux Lascaris, aux Dyonnet, aux Nivert ou Nivard, aux Curchod, aux Cosmi, etc.; elle s'est aussi apparentée aux Doria, aux Giustiniani, aux Spinola, aux Bonaparte, aux Piccolomini, etc.. Ces familles illustres ou brillantes ont toutes, les unes glorieusement, les autres honorablement, inscrit leur nom dans l'Histoire.

La Famille Cuneo d'Ornano a fourni un Cardinal in petto, trois Supérieurs d'Ordres religieux, trois Chanoines de la Cathédrale d'Ajaccio et plusieurs Prêtres ; trois Capitaines au service de Gênes, douze Colonels héréditaires au service de Venise, un Maréchal de camp, un Capitaine de vaisseau et plusieurs Officiers supérieurs ; deux Conseillers du Roy, Lieutenants généraux de l'Amirauté de France, un Consul général de France, de hauts Magistrats; un Député de la Noblesse, un Député au Parlement, un Président et six Membres du Conseil général de la Corse, un Maire d'Ajaccio, etc.. Elle a été honorée de la Prélature romaine ; elle compte un Chevalier de Saint-Louis et huit Membres de la Légion d'honneur, quelques titulaires d'Ordres étrangers ; elle a donné des Membres aux Académies romaines et à plusieurs Sociétés savantes françaises et étrangères. Elle compte dans sa proche parenté plusieurs Podestats et Doges des Républiques Italiennes, des Princes souverains en Italie; plusieurs Cardinaux et Prélats; quatre Maréchaux de France; un grand nombre d'Amiraux et de Généraux; des Ambassadeurs et des Ministres, etc.

Le présent travail a été exécuté d'après les Archives privées de la Famille Cuneo d'Ornano et d'après les Archives publiques religieuses, militaires et civiles d'Ajaccio, Gênes, Venise, Rome, Paris, etc. ; d'après les ouvrages dont on trouvera mention à l'appendice.

GÉNÉALOGIE

La Famille CUNEO, aujourd'hui CUNEO d'ORNANO, est originaire d'Italie. Certains historiens la font venir de la ville piémontaise de Cuneo et prétendent qu'elle y aurait jadis joué un rôle considérable. En tout cas, la famille CUNEO peut, dès le xiii⁰ siècle, se prouver des ancêtres en la personne de : BERNARDINO CUNEO, Podestat de la République de Sienne en 1290; GUILLAUME CUNEO, Commentateur des Digestes Anciens en France en 1310 ; ALBERIC CUNEO, Connétable du Royaume de Naples en 1380; JEAN CUNEO, Connétable du Royaume de Naples en 1400; TRISTAN CUNEO, Ambassadeur du Roi de Portugal à Rome en 1480.

La Famille CUNEO apparaît dans les Etats de la République de Gênes au début du xiv⁰ siècle. Ses membres y occupent de hautes charges. Parmi eux, il faut citer : JEAN CUNEO, Ancien de la Cité de Gênes et Magistrat à l'Office de la Guerre en 1380; LOUIS CUNEO, Ancien de la Cité de Gênes et Magistrat à l'Office de la Monnaie en 1439; FRANÇOIS CUNEO, Magistrat de la Cité en 1441; LUDOVIC CUNEO, Magistrat de la Cité en 1455; VINCENT CUNEO, Magistrat de la Cité en 1462; GEORGES CUNEO (1), Magistrat de la Cité en 1480; NICOLAS CUNEO (2), Conservateur de la Mer et Protecteur de l'Hôpital-Majeur de Gênes en 1500. Ces personnages étaient tous ascendants directs ou collatéraux de BALDASSARE CUNEO, qui est le premier degré de la filiation établie de la famille CUNEO D'ORNANO.

La Famille CUNEO, vers 1550, compte trois branches : la première, celle de BALDASSARE CUNEO, devenue branche des CUNEO D'ORNANO, dont on verra la descendance plus loin ; la seconde branche, dont BARNABO CUNEO, Greffier de l'Office de Saint-Georges en 1480 (3), est l'auteur, et qui a donné plus tard PIERRE

---

(1) L'un des quatre chevaliers impériaux qui luttèrent contre quatre chevaliers français et les vainquirent, dans un combat singulier, livré pour l'honneur des dames, en champ clos, sous Vérone, en 1516.

(2) Le premier de la famille qui fut inscrit sur le Livre d'or de la Noblesse de la République en 1528.

(3) Il contribua dans la plus large mesure, par une énergie indomptable et persévérante, à assurer le succès de la domination génoise en Corse. Il était grand-père de Francesco Bonaparte, ascendant direct de Napoléon I⁰ʳ.

CUNEO, Professeur d'éloquence et de droit romain à l'Académie Batave (1), et ANNE-MARIE CUNEO qui épousa PAUL-LOUIS POZZO DI BORGO (2) en 1618; du premier de ceux-ci naquit ANGELO-SANTO CUNEO, qui épousa LAURE POZZO DI BORGO en 1669 ; cette branche n'a pas eu de postérité ; la troisième branche, dont GÉROME CUNEO est le chef, a donné ANDRÉ CUNEO et DOMINIQUE CUNEO, tous deux alliés à des CENTURIONE (3) ; ceux-ci vivaient en 1554; de ce côté aussi il y a extinction.

De la famille CUNEO a donc seule subsisté la branche de BALDASSARE CUNEO, dont voici la filiation :

I

BALDASSARE CUNEO (4) ;
Né à Gênes en 1490, y décédé, et probablement vers 1563, laissant un fils :
ANDRÉ, qui suit.

II

ANDRÉ CUNEO D'ORNANO (5), Capitaine (6) au service de Gênes ;
Né à Gênes, décédé à Ajaccio vers 1580 ; il avait épousé BRIGIDA ORNANO (7) et a laissé un fils :
MICHEL-ANGE, qui suit.

---

(1) Savant éminent, il a laissé plusieurs ouvrages.
(2) La famille POZZO DI BORGO est de Gênes ; elle a donné plusieurs vaillants Officiers, Magistrats et le comte Pozzo di Borgo, Ambassadeur, etc., en 1815.
(3) La famille CENTURIONE est de Gênes. Elle avait alors fourni de hauts Magistrats à la République. (Voir aussi note 2, p. 12.)
(4) Son testament, fait à Gênes, est du 4 septembre 1563.
(5) Ce « noble magnifique CUNEO D'ORNANO », ainsi qu'il est appelé dans un Acte du 2 avril 1583, fut le premier de la famille à se nommer ainsi. Ayant reçu en dot des biens de la seigneurie d'Ornano, il ajouta, suivant l'usage du temps, légitimement, à son nom patronymique, le nom de sa terre. Il transmit ce nom à ses descendants qui, notamment son fils Michel-Ange, son petit-fils Jules, et son arrière-petit-fils Jean-François, se le firent confirmer ; parmi ces confirmations, il en est une définitive, c'est celle que comporte l'Acte du 19 juillet 1635, dont on trouvera la teneur plus loin. (Voir note 1, page 10.)
(6) Le grade de Capitaine n'avait rien de commun avec celui de nos jours. Alors, le Capitaine était un personnage important, propriétaire de sa compagnie, par ses soins recrutée, équipée, armée, instruite et entretenue, qui se mettait au service d'un État. Il en est de même du grade de Colonel, propriétaire de son régiment, etc.; les Cuneo d'Ornano ont, avec le grade de Colonel, possédé un « effectif » important au service de Venise. Ils y étaient autorisés par Gênes, ainsi que le prouvent de nombreux actes, notamment une lettre adressée au Sénat de Gênes par Fabien-Louis et datée de 1647, à laquelle, pour homologuer sa propriété et

III

MICHEL-ANGE CUNEO D'ORNANO, Capitaine au service de Gênes ;

Né à Ajaccio et y décédé ; il était marié à BRIGIDINA BOZZI (1) et a laissé deux enfants :

    1º PIERRE-MARIE CUNEO D'ORNANO, Colonel au service de Venise (2) ;
    Né à Ajaccio en 1579.

    2º JULES, qui suit.

    3º MARIE CUNEO D'ORNANO, qui épousa BRANCADORO COLONNA D'ORNANO (3) ;
    Née à Ajaccio.

IV

JULES CUNEO D'ORNANO, Capitaine au service de Gênes, Colonel au service de Venise ;

Né à Ajaccio en 1580, y décédé vers 1650, ayant épousé GIACOMINETTA ORNANO (4), et laissant deux fils :

---

l'autoriser à servir Venise, le Sénat répondit : « *1647. 28 Augusti. Dicto Supplicanti concessum in omnibus infra supplicata per Ser^{mo} Collegio ad calculos.* » A la tête de cet « effectif », les Cuneo d'Ornano ont toujours guerroyé brillamment, surtout contre les Turcs, tels : Pierre-Marie, Jean-François, Alphonse, Jean-François, ces trois derniers morts au champ d'honnenr, et François (voir note 3, page 11).

(7 *de la page précédente.*) La famille ORNANO est originaire de Corse, où on la remarque dès la fin du XIIIe siècle. Outre toute une série de seigneurs feudataires qui ont joué un rôle prépondérant dans le pays, elle a donné trois Maréchaux de France et plusieurs Colonels-Généraux, Colonels et Capitaines à la France, à Venise, à Rome et à Gênes.

Brigida Ornano était la fille de Bernardino, Seigneur d'Ornano, auteur de la branche des Colonna d'Ornano, devenue telle par suite de la reconnaissance de la communauté d'origine entre les Colonna de Rome et les Ornano de Corse ; elle était cousine germaine de Vannina, mère et grand'mère d'Alphonse et Jean-Baptiste, Maréchaux de France, et de leurs frères, eux-mêmes cousins issus de germains de Michel-Ange Cuneo d'Ornano, etc., et de Ludovic, auteur de la branche qui devait plus tard fournir Philippe-Antoine, également Maréchal de France.

(1) La famille Bozzi, issue de la famille ORNANO, est Corse. Elle a fourni plusieurs Seigneurs feudataires importants. Brigidina était la fille de Paul-Louis, Seigneur de Bozzi.

(2) Voir page 22.

(3) La famille COLONNA D'ORNANO est une branche de la famille Ornano (Voir note ci-dessus sur la famille Ornano). Elle s'est particulièrement distinguée au service de France où elle a fourni de nombreux et vaillants Capitaines.

(4) Voir note plus haut pour la famille ORNANO. Giacominetta était fille de Pierre-Paul, Colonel des Corses au service de Venise, dont les frères François-Marie, Pierre-Marie et Dominique, également comme Colonels, ont servi Venise et le

1° Jean-François CUNEO d'ORNANO, Co-Seigneur d'Ornano (1), Colonel au service de Venise (2);
Né à Ajaccio en 1620, décédé à Candie en 1646.

2° Fabien-Louis, qui suit.

V

Fabien-Louis CUNEO d'ORNANO, Co-Seigneur d'Ornano, Colonel au service de Venise;
Né à Ajaccio en 1624, y décédé ; marié à Marie-Madeleine Baciculapo (3); il a laissé quatre fils :

1° François, qui suit.
2° Michel-Ange CUNEO d'ORNANO, Archiprêtre et Curé de la Cathédrale d'Ajaccio;
Né et décédé à Ajaccio.
3° Alphonse CUNEO d'ORNANO, Colonel au service de Venise (4);
Né à Ajaccio, mort au champ d'honneur, devant Candie, en 1667.
4° Jean-François CUNEO d'ORNANO, Colonel au service de Venise (4);
Né à Ajaccio, mort au champ d'honneur, devant Candie, en 1667.

Saint-Siège ; elle était sœur de François, « valeureux jeune homme qui fit ses premières armes dans l'armée pontificale », mourut à vingt ans et fut inhumé dans la cathédrale d'Ajaccio, où se voyait jadis sa très curieuse épitaphe. Pierre-Paul fut l'édificateur de la chapelle de la Madonna del Pianto, dans la Cathédrale d'Ajaccio. (Voir page 27). Cette branche de la famille d'Ornano s'est surtout consacrée et distinguée au service de Venise et du Saint-Siège. Elle est éteinte depuis le xviie siècle.

(1) Ce Cuneo d'Ornano fut le premier membre de la famille Co-Seigneur d'Ornano. Il reçut, en effet, en 1635, une partie (huit fiefs) de la seigneurie d'Ornano que lui donnèrent ses cousins de la famille Ornano, Seigneurs d'Ornano. Ceux-ci, de plus, demandèrent au Sénat de Gênes « d'approuver cette donation et de daigner inscrire son bénéficiaire dans leur Maison et Famille d'Ornano ». Le Sénat exauça leur vœu. « 1635. Die 19 July. — Responsum Ser^{mi} Senatus Reisp^{ae} Genuen. ad cal. et quod Itt^e It^m Corsicæ supp^m Sup^s alias videnda videat et cosideratis Considerandis referat quid sup^o supp^o ; ipsis Decidendum censeat. Io. Antonius. » — La qualité de Co-Seigneur d'Ornano et la co-seigneurie ont dès lors appartenu aux aînés de la famille. Le dernier Co-Seigneur d'Ornano fut Jean-François (voir page 11), et il le fut jusqu'à l'abolition de la féodalité en 1789. Les cadets de la famille étaient dits aussi : « Co-Seigneurs d'Ornano », « des Seigneurs d'Ornano », des « Feudataires d'Ornano », « e Dominis Ornani », « delli Signori d'Ornano », etc.

(2) Voir page 22.

(3) La famille Baciculapo est de Gênes.

(4) Tous deux furent tués à la tête de leur troupe, en repoussant un assaut furieux que les Turcs donnaient à Candie.

VI

FRANÇOIS CUNEO D'ORNANO, Co-Seigneur d'Ornano, Colonel au service de Venise et au service de Gênes (1) ;

Né à Ajaccio en 1647, y décédé; il avait épousé AMÉLIE GENTILE (2), et a laissé trois fils :

    1° FABIEN-LOUIS, qui suit.

    2° JEAN-BAPTISTE CUNEO D'ORNANO, Colonel au service de Venise ;
        Né à Ajaccio en 1690.

    3° PIERRE-PAUL CUNEO D'ORNANO, Colonel au service de Venise ;
        Né à Ajaccio en 1694.

VII

FABIEN-LOUIS CUNEO D'ORNANO, Co-Seigneur d'Ornano, Colonel au service de Venise (3) ;

Né à Ajaccio en 1688, y décédé après 1774; il était marié à BENEDETTA PONTE (4), et a laissé trois fils :

    1° ASCAGNE CUNEO D'ORNANO, Co-Seigneur d'Ornano ;
        Né à Ajaccio en 1706.

    2° PIERRE-FRANÇOIS CUNEO D'ORNANO, Colonel au service de Venise ;
        Né à Ajaccio en 1708, y décédé en 1764, épousa MARIE-MADELEINE PALLAVICINO (5).

    3° FRANÇOIS, qui suit.

VIII

JEAN-FRANÇOIS CUNEO D'ORNANO, Co-Seigneur d'Ornano, Conseiller du Roy, Lieutenant-Général de l'Amirauté de France,

---

(1) Il fut le dernier de la famille à servir effectivement Venise. Après avoir guerroyé contre les Turcs en Dalmatie, il licencia sa troupe et rentra définitivement en Corse, emportant avec lui les lettres patentes de la République de Venise, en date de 1677, qui reconnaissaient sa noblesse et, en considération des grands services rendus par lui et ses aïeux, lui donnaient, ainsi qu'à ses descendants *ad perpetuam memoriam*, le titre honorifique de Colonel. Réinstallé à Ajaccio, il fit reconnaître son ancien grade par la République de Gênes, qui le prit comme Colonel à son service. Il organisa, à ses frais, une troupe de cent fantassins et prit ses dispositions pour, dans les mêmes conditions, la quintupler en cas de guerre.

(2) La famille GENTILE est de Gênes.

(3) C'est lui qui fut admis, avec ses descendants, dans l'Ordre de la Noblesse du Royaume de France. (Voir page 21).

(4) La famille PONTE est de Gênes.

(5) La famille PALLAVICINO est de Gênes.

Membre de la Junte Corse, Docteur de l'Université romaine; précédemment Député et Orateur des Peuples de la Corse au Sénat de Gênes, Colonel au service de Venise (1);

Né à Ajaccio en 1724, y décédé en 1800; il avait épousé MARIE-CATHERINE CENTURIONE (2), et a laissé onze enfants :

1° JEAN-BAPTISTE CUNEO D'ORNANO ;
Né à Ajaccio en 1742, y décédé en bas âge.

2° JEAN-FRANÇOIS CUNEO D'ORNANO, Chanoine de la Cathédrale d'Ajaccio, Recteur des Clercs Réguliers de la Mère-de-Dieu, Docteur de l'Université romaine (3) ;
Né à Ajaccio en 1744, y décédé en 1813.

3° PIERRE-PAUL, qui suit.

4° MICHEL-ANGE CUNEO D'ORNANO, Membre de la Compagnie de Jésus, Principal du Collège Royal d'Ajaccio (4) ;
Né à Ajaccio en 1746, y décédé en 1830.

5° DOMINIQUE CUNEO D'ORNANO, Prêtre du Clergé d'Ajaccio ;
Né à Ajaccio en 1746, y décédé.

6° JOSEPH-MARIE CUNEO D'ORNANO, Consulteur de la Sacrée Congrégation des Rites, Assistant général des Clercs Réguliers de la Mère-de-Dieu, Curé de Sainte-Marie in Campitelli de Rome (5) ;
Né à Ajaccio en 1749, décédé à Rome en 1809.

7° JEAN-BAPTISTE CUNEO D'ORNANO, Chanoine de la Cathédrale d'Ajaccio ;
Né à Ajaccio en 1750, y décédé en 1811.

---

(1) Voir page 22.

(2) Elle était de l'illustre et noble famille des CENTURIONE de Gênes, qui a donné à la République des Magistrats, des Amiraux, des Généraux, puis une série de six Doges : Andrea, en 1543; Prosper, en 1575; Georgio, en 1623; Agostino, en 1650; Giambatista, en 1658; Lorenzo, en 1765. A noter aussi : Louis, Général de la Compagnie de Jésus, mort en 1757, et Bernardin, Evêque d'Ajaccio, mort en 1759, ascendants collatéraux des enfants de Jean-François Cuneo d'Ornano dont six devaient entrer dans les Ordres; leurs parents purent, dans la Cathédrale d'Ajaccio, assister à cinq messes dites en même temps par cinq d'entre eux.

(3) Voir page 22.

(4) Entré dans la Compagnie de Jésus, il professa d'abord, et avec éclat, la rhétorique au Collège de Milan. Rentré dans sa famille, pendant la Révolution, il devint, quand l'ordre fut rétabli, Principal du Collège d'Ajaccio. Cette fonction ne l'empêcha pas de diriger, dans cette ville, un cours de haute littérature resté renommé, et d'organiser savamment la bibliothèque départementale qui venait d'être créée.

(5) Voir page 23.

8° Nicolas CUNEO D'ORNANO, Cardinal in petto, Assesseur du Saint-Office, Consulteur de la Sacrée Congrégation des Rites, Chanoine de l'Archibasilique de Saint-Jean-de-Latran, Docteur de l'Université romaine (1);
Né à Ajaccio en 1752, decédé à Rome en 1824.

9° Angèle-Marie CUNEO D'ORNANO, qui épousa Louis Fozzano (2);
Née à Ajaccio en 1755, y décédée.

10° Antoine, qui suit.

11° Louis CUNEO D'ORNANO, Président du Tribunal Consulaire d'Ajaccio, Docteur en Droit;
Né à Ajaccio en 1760, y décédé en 1836.

A ce moment, la famille se divise en deux branches : l'une, dite branche d'Ajaccio, qui se perpétue à Ajaccio, elle a Pierre-Paul pour auteur; l'autre, dite branche de Rome, qui se continue à Rome, elle a Antoine pour chef.

BRANCHE D'AJACCIO

IX

Pierre-Paul CUNEO D'ORNANO, Consul général de France, précédemment Conseiller du Roy, Lieutenant-général de l'Amirauté de France, Député de la Noblesse (3);
Né à Ajaccio en 1745, y décédé en 1835 ; il épousa Bettina Baciocchi (4), puis, celle-ci étant morte, Lucie Folacci (5); il a laissé huit enfants :

1° Madeleine CUNEO D'ORNANO, devenue par son mariage la femme du Commandant baron d'Eyss (6);
Née à Ajaccio vers 1778, y décédée.

2° Elisabeth CUNEO D'ORNANO, mariée à Nicolas Trani (7);
Née à Ajaccio vers 1779, y décédée.

---

(1) Voir page 24.
(2) La famille Fozzano est de Gênes.
(3) Voir page 23.
(4) Sœur du prince souverain de Lucques et Piombino, beau-frère de Napoléon Ier. Pierre-Paul était lui-même beau-frère de la princesse Elisa Bonaparte, grande duchesse de Toscane. La famille Baciocchi est d'Ajaccio.
(5) La famille Folacci est d'Ajaccio; Annibal-Nicolas fut député de la Noblesse, au XVIIIe siècle.
(6) La famille Eyss est de Provence.
(7) La famille Trani est de Bonifacio.

3° Fabien-Louis CUNEO d'ORNANO, Avocat général à la Cour Royale de Bastia, Membre de la Junte Corse;
Né à Ajaccio en 1781, y décédé en 1828; il avait épousé Laurine Sebastiani de la Porta (1);

4° Ascagne, qui suit.

5° Annibal, qui suit.

6° Dominique, qui suit.

7° Catherine CUNEO d'ORNANO, qui épousa Pascal Costa de Bastelica (2);
Née à Ajaccio et y décédée.

8° Marie-Dominique CUNEO d'ORNANO, qui se maria avec Pierre Bertora (3), Président à la Cour impériale d'Alger, Chevalier de la Légion d'honneur;
Née à Ajaccio et y décédée.

9° Philippe CUNEO d'ORNANO;
Né à Ajaccio, mort à Saragosse en 1808.

X

Ascagne CUNEO d'ORNANO, Conseiller général de la Corse, Maire d'Ajaccio, Chevalier de la Légion d'honneur;
Né à Ajaccio vers 1784, y décédé en 1875; il épousa Françoise Pinelli (4) et il a laissé trois enfants :

1° Fabien, qui suit.

---

(1) En 1815, Napoléon institua en Corse un pouvoir exécutif composé de six membres qu'il nomma lui-même; ce pouvoir s'appela la Junte Corse, et Fabien en fit partie. Fabien possédait le petit canon avec lequel Napoléon enfant s'était amusé; ce canon est passé à ses héritiers; il avait épousé Marie Sebastiani de la Porta, de la famille de ce nom, nièce de l'évêque d'Ajaccio, sœur du comte, maréchal de France, ambassadeur, ministre, etc., et du vicomte, pair de France, lieutenant-général, ministre, etc.; il était l'oncle de la malheureuse duchesse de Choiseul-Praslin, morte dans les conditions que l'on sait.

(2) C'est lui qui, le 24 mai 1793, sauva la vie à la famille Bonaparte, enfermée dans Ajaccio et que voulaient faire mourir ses ennemis (la révolution battait son plein). Averti de ces sombres projets, il arriva à Ajaccio dans la nuit du 24 mai, réveilla les Bonaparte et les emmena avec lui loin de la ville; quelques jours plus tard il les embarquait pour la France. Costa de Bastelica a été de la part de Napoléon Ier, dans son testament, l'objet d'un legs de 100,000 francs, motivé par le fait ci-dessus. Costa de Bastelica a eu un fils : Jean-François, qui est devenu conseiller-référendaire à la Cour des Comptes et chevalier de la Légion d'honneur, après avoir été préfet impérial de l'Hérault, sous Napoléon III; et une fille : Laurine, qui a épousé le comte Ramolino de Coll' Alto, lieutenant-colonel de gendarmerie, officier de la Légion d'honneur.

(3) La famille Bertora est d'Ajaccio.

(4) La famille Pinelli est d'Ajaccio.

2° FÉLICITÉ CUNEO D'ORNANO, qui épousa JEAN STE-
PHANOPOLI (1), Conseiller général de la Corse ;
Née à Ajaccio en 1837, y décédée en 1897.

3° ÉLISA CUNEO D'ORNANO, qui épousa JACQUES PÒ (2);
Née à Ajaccio en 1838, y décédée en 1898.

XI

FABIEN CUNEO D'ORNANO, Conseiller général de la Corse ;
Né à Ajaccio en 1834, y décédé en 1907; il avait épousé MARIE-ANNE D'OR-
NANO (3) et a laissé trois enfants :

1° MICHEL CUNEO D'ORNANO ;
Né à Ajaccio en 1860.

2° ASCAGNE CUNEO D'ORNANO ;
Né à Ajaccio en 1861.

3° THÉRÈSE CUNEO D'ORNANO, qui a épousé LOUIS OLI-
VIERI ;
Née à Ajaccio en 1864.

X bis

ANNIBAL-NICOLAS CUNEO D'ORNANO, Capitaine de vaisseau,
Officier de la Légion d'honneur (4) ;
Né à Ajaccio en 1796, y décédé en 1877 ; il avait épousé ELISA ISNARD (5) et a
laissé deux fils :

1° OCTAVE CUNEO D'ORNANO ;
Né à Toulon en 1834, mort au champ d'honneur, en Crimée, en
1855 (6).

---

(1) La famille STEPHANOPOLI est originaire de Grèce ; elle vint en Corse vers
le début du XVIIe siècle, dans la personne de Georges Stephanopoli de Comnènes,
qui a fondé le village de Cargèse. L'un de ses membres, Dimitrius, fut fait prince de
Comnènes, par Louis XV. Elle a donné, en dernier lieu, Félix, conseiller général
de la Corse, maire d'Ajaccio, chevalier de la Légion d'honneur, et Michel, médecin
principal des armées françaises, officier de la Légion d'honneur, savant distingué
et professeur éminent.

(2) La famille PÒ est d'Ajaccio.

(3) Marie d'ORNANO était la fille de Michel-Ange, Ministre de France au Maroc,
neveu de Philippe-Antoine d'Ornano, comte de l'Empire, maréchal de France,
gouverneur des Invalides, grand-croix et ancien grand-chancelier de la Légion
d'honneur, cousin-germain de Napoléon Ier. Michel-Ange était apparenté de près
à la famille impériale, sa grand'mère étant Isabelle Bonaparte.

(4) Voir page 29.

(5) La famille ISNARD est de Provence.

(6) Agé seulement de dix-neuf ans, il fut tué devant Sébastopol, où il combat-
tait au 1er Zouaves.

2° LÉOPOLD CUNEO D'ORNANO, Secrétaire général de la Préfecture de la Corse;

Né à Toulon en 1829, décédé à Ajaccio en 1871.

X ter

DOMINIQUE CUNEO D'ORNANO, Président du Conseil général de la Corse, Président du Tribunal d'Ajaccio, Chevalier de la Légion d'honneur(1);

Né à Ajaccio en 1799, y décédé en 1884; il avait épousé MARIE PERALDI (2) et a laissé cinq enfants :

1° PIERRE-PAUL, qui suit.

2° FRANÇOIS CUNEO D'ORNANO, Magistrat démissionnaire, Capitaine d'infanterie mobile en 1870-71 (3);
Né à Ajaccio en 1840.

3° LUCIE CUNEO D'ORNANO, qui a épousé LOUIS VERSINI (4), Conseiller général de la Corse ;
Née à Ajaccio en 1833.

4° LAURINE CUNEO D'ORNANO, qui a épousé PIERRE FILIPPI (5);
Née à Ajaccio.

5° CLÉMENTINE CUNEO D'ORNANO, qui a épousé le Commandant DE COSMI, Chef de bataillon d'infanterie, Chevalier de la Légion d'honneur(6) ;
Née à Ajaccio en 1843.

XI

PIERRE-PAUL CUNEO D'ORNANO, Procureur impérial, Conseiller général de la Corse (7).

Né à Ajaccio en 1835, y décédé en 1903; il avait épousé MARIE SEBASTIANI DE LA PORTA (8), et a laissé deux fils :

---

(1) Voir page 31.

(2) La famille PERALDI est d'origine génoise, elle fournit à Ajaccio plusieurs maires et officiers supérieurs de la garde nationale; elle a aussi donné Nicolas, député, et Marie, prélat romain.

(3) Capitaine de mobiles en 1870-71, il se distingua à l'Armée de la Loire où il servait, fut cité à l'ordre du jour et proposé pour la croix de la Légion d'honneur. Juge d'instruction au Tribunal d'Ajaccio, il démissionna et rentra dans la vie privée.

(4) La famille VERSINI est d'Ajaccio.

(5) La famille FILIPPI est d'Ajaccio.

(6) Le commandant DE COSMI avait un frère, Antoine, chef d'escadron d'état-major, blessé grièvement à Metz, en 1870, et qui dut abandonner le service actif. Tous deux étaient fils du maire d'Ajaccio.

(7) Voir page 32.

(8) Elle était la nièce du vicomte, du comte et petite-nièce du prélat (voir note plus haut).

1° Tiburce CUNEO d'ORNANO, Conseiller général de la Corse, Docteur en droit;
Né à Ajaccio en 1870.

2° Dominique, qui suit.

XII

Dominique CUNEO d'ORNANO, Docteur en droit;
Né à Ajaccio en 1875; a épousé Antoinette de Cosmi (1), et a deux enfants :

1° Pierre-Paul CUNEO d'ORNANO;
Né à Ajaccio en 1906.

2° Laurine CUNEO d'ORNANO;
Née à Ajaccio en 1905.

BRANCHE DE ROME

IX

Antoine-François CUNEO d'ORNANO, Maréchal de Camp, Chevalier de la Légion d'honneur et Chevalier de Saint-Louis, Député et Administrateur des Royaux Etablissements Pieux Français des Etats de l'Eglise (2) ;

Né à Ajaccio en 1759, décédé à Rome en 1840; il avait épousé, à Strasbourg, en 1795, Joséphine de Christen (3), et il a laissé deux enfants :

---

(1) Fille du commandant et de Clémentine Cuneo d'Ornano (voir note plus haut).
(2) Voir page 25.
(3) La famille de Christen est originaire de l'Unterwalden, en Suisse, elle compte parmi ses ancêtres : le bienheureux Nicolas de Flue, Konrad Schenber et Théodule Christen et plusieurs autres landammann; elle prit part aux Guerres de Religion pendant lesquelles elle défendit la foi romaine et combattit l'hérésie; elle y eut neuf de ses enfants tués à l'ennemi, et, en récompense, reçut, du pape Clément VIII, le titre de comte. Passée en France au début du xviiie siècle, elle a donné un grand nombre d'officiers qui ont été faits chevaliers de Saint-Louis et membres de la Légion d'honneur; trois d'entre eux sont morts au champ d'honneur. Sébastien-Joseph, colonel au régiment de Sonnenberg et chevalier de Saint-Louis, beau-père d'Antoine-François, mérite une mention spéciale; il se distingua à la bataille de Fontenoy, bien que couvert de blessures, et, le soir de cette mémorable journée, il reçut de Louis XV lui-même cette devise : « Post vulnera flores ». Pendant la Révolution, les de Christen, rentrés en Suisse, à la tête des régiments de cette nation, infligèrent de sérieuses défaites aux armées françaises, notamment à la division Serrurier, le 8 juin 1793, dans la position du Belvédère. Plus récemment le comte Théodule a jeté un nouvel éclat sur la famille ; capitaine aux zouaves pontificaux, il opéra en 1860, devant Gaëte assiégée, une brillante sortie; général au service de Naples, il remporta en 1860, sur les Piémontais, la victoire de Banco, puis toute une série d'étonnants succès ; général au

1º François, qui suit.

2º Sophie CUNEO d'ORNANO, qui a épousé, à Rome, le Chevalier Lolli di Miccheletti (1);
Née à Antibes en 1800, décédée à Rome en 1865.

X

François-Joseph CUNEO d'ORNANO, Lieutenant aux Gardes d'honneur, Chevalier de la Légion d'honneur, Conseiller général des Etats de l'Eglise, Membre de l'Académie Tiberine, de l'Académie des Arcades, de l'Académie des Quirites, de l'Académie des Risvegliati d'Orvieto, de l'Institut Historique de France, etc. (2);

Né à Issenheim, près Colmar, en 1794, décédé à Oran en 1863; il avait épousé, à Rome, en 1828, Marie-Grace Lascaris Darmis (3), et, celle-ci étant décédée, il se maria à Bastia, en 1839, avec Adelaïde Dyonnet (4); il a laissé dix enfants

1º Jules CUNEO d'ORNANO;
Né à Rome en 1828, y décédé en 1844.

---

service de la France en 1870, il mourut cette année même, âgé seulement de trente-cinq ans, à Ronno. La famille de Christen est actuellement représentée par le comte Henry, colonel de la Garde républicaine, aide de camp honoraire et colonel général des Gardes d'honneur du Prince souverain de Monaco, officier de la Légion d'honneur, commandeur de la Couronne d'Italie, de Sainte-Anne de Russie, officier de Saint-Charles de Monaco, etc.; et le comte Charles, chef de bataillon d'infanterie, chevalier de la Légion d'honneur. Une de leurs tantes, Aglaé, était mariée au chevalier de Gourlet, capitaine de la Garde royale, chevalier de Saint-Louis, qui démissionna en 1830 et suivit Charles X en exil.

(1) La famille Lolli di Micheletti est de Rome où elle a fourni de nombreux et vaillants serviteurs au Saint-Siège. De l'union du Chevalier avec Sophie Cuneo d'Ornano est né un fils, Jacques, qui a épousé une Piccolomini, nièce du dernier cardinal de ce nom. La famille Piccolomini est, on le sait, originaire de Sienne où elle s'est longtemps perpétuée, et de là est venue à Rome. Elle a donné deux papes : Pie II et Pie III, et un grand nombre de podestats de la République de Sienne, cardinaux, généraux, etc., etc.

(2) Voir page 28.

(3) La famille Lascaris Darmis descend de l'ancienne Maison des Empereurs de Nicée, parmi lesquels on remarque Théodore (1204-1222), Jean (1222-1252), Théodore II (1252-1255), Jean (1255-1261). Etablie à Rome au début du xvᵉ siècle, elle a fourni des prélats, des généraux, des diplomates, des savants, etc.. Détail curieux, Marie-Grâce, marquise François Cuneo d'Ornano, était la fille du comte Paul qui, entré dans les ordres après son veuvage, fut protonotaire apostolique et chanoine de Saint-Pierre de Rome.

(4) La famille Dyonnet est originaire du Dauphiné. On trouve de ses membres, sous l'ancien régime, dans la Maréchaussée de France. Louis, commandant la Gendarmerie des chasses et voyages du Roi, chevalier de Saint-Louis et de la Légion d'honneur, est à noter sous la Restauration. Firmin, colonel de la Gendarmerie royale, grand prévôt aux Armées, commandant la Légion de la Corse, officier de la Légion d'honneur et chevalier de Saint-Louis, était le père d'Adèle qui fut épousée par le marquis François Cuneo d'Ornano, sa première femme

2º Hélène CUNEO d'ORNANO, qui a épousé à Rome le Chevalier Jean-Baptiste Mobili (1);
Née à Rome en 1829, y décédée en 1874.

3º Edouard CUNEO d'ORNANO (2);
Né à Rome en 1833; il a épousé, à Paris, Pauline Curchod (3).

4º Alphonse CUNEO d'ORNANO, Capitaine de Cuirassiers, Chevalier de la Légion d'honneur (4);
Né à Rome en 1835, marié, à Niort, à Marie Mauduit (5), aujourd'hui décédée.

5º Théodore CUNEO d'ORNANO, Officier de Mobiles en 1870-71 (6);
Né à Rome en 1837, décédé à Saint-Jean-du-Doigt, en Bretagne, en 1902.

6º Emilie CUNEO d'ORNANO;
Née à Rome en 1841, décédée à Paris en 1906.

7º Virginie CUNEO d'ORNANO;
Née à Rome en 1843.

8º Gustave-Léon-Eugène, qui suit.

9º Ernest-Jules-Alfred, qui suit.

10º Léonie CUNEO d'ORNANO;
Née à Rome en 1850.

XI

Gustave-Léon-Eugène CUNEO d'ORNANO, Député, Conseiller

étant morte. La famille Dyonnet était naguère encore représentée par Louis, lieutenant-colonel d'infanterie, officier de la Légion d'honneur, frère de la précédente.

(1) La famille Mobili est originaire de Rome; elle a donné plusieurs prêtres et officiers à l'Eglise.

(2) Resté dans la vie civile, après de nombreux voyages en Italie et en Allemagne, il s'est consacré à l'étude des questions économiques.

(3) La famille Curchod est originaire de Vevey, en Suisse; dans son ascendance on remarque la femme de Necker, le ministre de Louis XVI, et sa fille, Mme de Staël.

(4) A servi aux Carabiniers de la Garde impériale et aux Chasseurs d'Afrique. Avec ces derniers, il prit part, pendant la guerre d'Italie, en 1859, à la fameuse charge de la division Desvaux qui décida de la victoire de Solférino. Il passa ensuite dans les cuirassiers et participa aux opérations du siège de Paris, pendant la guerre franco-allemande, en 1870-71. Démissionnaire en 1885.

(5) La famille Mauduit est originaire de Niort.

(6) Officier auxiliaire, en 1870-71, à l'armée des Vosges, il prit part à la bataille de Chatillon-sur-Seine et à celle de Dijon, où fut pris le drapeau du 61º poméranien.

général de la Charente, Capitaine d'infanterie de réserve, Lieutenant de mobiles en 1870-71 (1) ;

Né à Rome en 1845, décédé à Paris en 1906 ; il avait épousé en 1875, à Angoulême, Sara Plantevigne-Dubosquet (2), et a laissé trois enfants :

1° Napoléon CUNEO d'ORNANO ;
Né à Paris en 1883.

2° Letizia CUNEO d'ORNANO ;
Née à Bassac en 1885.

3° Marie-Thérèse CUNEO d'ORNANO ;
Née à Bassac en 1888.

XI bis.

Ernest-Jules-Alfred CUNEO d'ORNANO, Lieutenant-Colonel d'Etat-Major, Officier de la Légion d'honneur, Commandeur du Nichan-Iftikhar, etc. (3) ;

Né à Rome en 1848 ; il a épousé, en 1883, à Elbeuf-sur-Seine, Marie Nivert (4), et a deux enfants :

1° André CUNEO d'ORNANO ;
Né à Elbeuf-sur-Seine en 1884.

2° Vanina CUNEO d'ORNANO ;
Née à Elbeuf-sur-Seine en 1887.

---

(1) Voir note page 32.

(2) La famille Plantevigne-Dubosquet est originaire de la Charente.

(3) Officier en 1870, il a fait la campagne franco-allemande et fut fait prisonnier de guerre, interné à Magdebourg. Directeur du Bureau des détenus politiques de la Rochelle, il a pris part à la répression de la Commune. Il compte à son actif plusieurs campagnes en Afrique. Breveté d'Etat-Major, il a servi auprès de plusieurs généraux, dont le général Lambert, sénateur, l'explorateur du Fouta-Djallon et le héros de Bazeilles ; et, en dernier lieu, comme chef d'Etat-Major de la 5e division, à Rouen. Il démissionna en 1901. Ecrivain militaire distingué, il a produit plusieurs travaux, dont un ouvrage sur *Hoche*, et des études : *le Carnet du Soldat ; du Recrutement des caporaux et sous-officiers ; Marches et Stationnements*, etc.

(4) La famille Nivert ou Nivard, est originaire du Poitou. Elle a donné de nombreux et hauts magistrats. C'est de l'union, contractée en Normandie, de l'un de ses membres : Emile, « un homme de bien », dont les œuvres ont fait survivre la mémoire, avec la petite-fille d'un chevalier du Lys qui combattit aux armées catholiques et royales pendant la Révolution, qu'est née Marie, devenue Cuneo d'Ornano, et aussi Emile-Charles, ancien magistrat, qui a épousé la petite-fille de Mathieu Bourdon, député à l'Assemblée nationale, maire d'Elbeuf-sur-Seine, chevalier de la Légion d'honneur ; et Noémi, mariée à son cousin-germain Marc Nivert, frère de l'ancien député, conseiller général et officier de la Légion d'honneur ; et de l'ancien maire d'Elbeuf-sur-Seine, chevalier de la Légion d'honneur.

La Famille CUNEO d'ORNANO, appartient à la noblesse de Gênes, Saint-Empire, Sienne, Naples, Venise et France.

A Gênes, elle fait partie de l'ancienne noblesse ; elle est confirmée dans l'ancienne noblesse et dans son titre de Magnifique, en 1528 ; elle reçoit, en même temps que de nombreux et précieux privilèges honorifiques, de nouvelles confirmations de son ancienne noblesse et de son titre de Magnifique dans des Lettres-Patentes du 19 juin 1635, 7 août 1677, 11 avril 1680, 11 juin 1680, 14 juin 1739, 1er avril 1756.

Au Saint-Empire, elle est considérée comme noble, à partir de 1530.

A Sienne, on la trouve dans la noblesse en 1290.

A Naples, elle est dans la noblesse en 1380.

A Venise, elle est inscrite dans la noblesse en 1667.

En France, enfin, en 1771, après l'annexion de la Corse à la France, Louis XV ayant décidé en 1770 que les familles nobles habitant l'île pourraient faire leurs preuves de noblesse et, si celles-ci étaient jugées suffisantes (1), seraient admises dans l'Ordre de la Noblesse du Royaume, la Famille Cuneo d'Ornano revendiqua et obtint de bénéficier de ce privilège. Elle fut admise dans la première classe de l'Ordre de la Noblesse du Royaume de France. Voici un extrait du jugement qui en décida ainsi : « Louis, par la grâce de Dieu, roi de France, etc., vu par le Conseil Supérieur la requête a lui présentée par Fabien-Louis Cuneo d'Ornano a ce qu'il plaise ordonner que le suppliant et ses descendants seront déclarés nobles de la première classe... Le Conseil Supérieur ayant admis les titres produits comme bons, suffisants et valides, Déclarons le dit Fabien-Louis Cuneo d'Ornano et ses descendants nobles de noblesse prouvée, Ordonnons que lui et ses descendants jouiront des droits, prérogatives et prééminences attachés à la dite qualité, etc. Fait le 1er avril 1771, et de Notre règne le cinquante sixième, etc. »

La Famille Cuneo d'Ornano possède, depuis 1530, le titre de Marquis, en vertu des anciennes Lois de la République de Gênes qui le reconnaissaient à ses Patriciens résidant à l'Etranger, et que les Princes de l'Europe, notamment Charles-Quint qui l'assimila à celui de Marquis du Saint-Empire, reconnurent également à tous les nobles génois. Ce titre fut, en France, reconnu (2) en exécution de l'article 71 de la Charte de 1814.

---

(1) Il fallait prouver deux cents ans de noblesse, une filiation ininterrompue de deux siècles, et vivre noblement. Telles étaient les conditions générales. Elles furent appliquées à la Corse.

(2) Au profit d'Antoine-François (Voir pages 17 et 25) et de ses descendants.

BIOGRAPHIES

COLONEL PIERRE-MARIE CUNEO D'ORNANO (1579-1645). Né à Ajaccio en 1579. Il devint, à vingt ans, Colonel au service de Venise où il servit, trente-trois ans durant, avec courage et succès. Il a délivré Venise des *fuorisciti*, ou brigands, qui l'infestaient, en leur donnant la chasse et les forçant à passer les frontières. Il se distingua dans la guerre de Gradisca, où il commanda en chef dans les sanglantes affaires de Fara et Vilpujaca, et remporta la victoire. Il a brillé en Crète pendant la guerre entre les Vénitiens et les Ottomans, et y tomba au champ d'honneur en 1645.

COLONEL JEAN-FRANÇOIS CUNEO D'ORNANO (1622-1646). Né à Ajaccio en 1622. Colonel à vingt ans dans les armées de Venise, il prit le commandement des Corses qui se battaient en Crète. Pendant cinq ans, il fut à leur tête et leur fit accomplir des exploits. En 1646, devant Candie, repoussant avec ses hommes les assauts des Ottomans, il fut blessé au champ d'honneur. Quand on voulut rendre la ville, il fit tous ses efforts pour empêcher la capitulation. Ce fut pourtant en vain qu'il affirma que « Dieu et Venise viendraient en aide aux défenseurs ». La ville fut rendue. Il ne put survivre à ce dénouement et, atteint de la peste, il mourut quelques jours plus tard en 1646.

CONSEILLER JEAN-FRANÇOIS CUNEO D'ORNANO (1719-1785). Né à Ajaccio en 1719. Il se fit de bonne heure remarquer par sa science juridique. Après que l'île fut annexée à la France, il devint, en 1769, le premier titulaire de la première juridiction française que Louis XV institua en Corse. Le talent et le zèle qu'il déploya dans ses fonctions de Juge royal à Ajaccio lui valurent de devenir également, en 1776, Conseiller du Roy et le premier titulaire de la Lieutenance de l'Amirauté créée dans l'île, charge dans laquelle il fit preuve de hautes qualités. Il fit partie de la Junte Corse chargée par Louis XVI de la rédaction d'un code adapté aux besoins de la Corse. Il mourut en 1785.

RÉVÉREND PÈRE JEAN-FRANÇOIS CUNEO D'ORNANO (1744-1813). Né à Ajaccio le 29 mars 1744. Il renonça de bonne heure aux honneurs et privilèges que lui conférait sa naissance et entra dans la vie religieuse. Il prit l'habit des Clercs réguliers de la Mère-de-Dieu en 1760 et fit sa profession solennelle en 1762. Il soutint publiquement et avec succès ses thèses théologiques et conquit le bonnet de Docteur en 1769. Ordonné Prêtre et affecté à la Maison de Gênes cette même année, il en devint Recteur en 1787 et la gouverna jusqu'à sa suppression survenue pendant les événements de la Grande Révolution. A ce moment, il se retira dans la famille Centurione où il vécut jusqu'en 1802, époque à laquelle il alla se fixer à Ajaccio. Chanoine de la Cathédrale, il se consacra à la prédication et aux belles-lettres. Il fut orateur estimé, poète excellent. « Mais l'œuvre qui le rend célèbre est la traduction du *Paradis perdu* de Jean Milton, imprimée à Rome en 1822. Il est, en effet, le premier qui ait donné à l'Italie ce poëme épique en octaves rimées. Sa traduction a le mérite de rendre au suprême degré le sentiment de la beauté poétique de l'original. Elle reproduit non seulement les pensées, mais encore le mode, le style et le sentiment du génie fier et triste du poète anglais. On se demande si le traducteur n'a même pas surpassé son grand modèle (1) ».

PIERRE-PAUL CUNEO D'ORNANO (1745-1835), Né à Ajaccio le 25 juin 1745, il allait débuter comme Avocat au Barreau de Gênes, quand la Corse devint française. Louis XV le nomma, en 1772, Procureur du Roi à Cervione, puis Subdélégué de l'Intendant général de la Corse. Il fut, en 1785, appelé à la charge de Lieutenant général de l'Amirauté à Ajaccio; cette charge ayant été supprimée en 1790, il rentra dans la vie privée. En 1802, Bonaparte le nomma Consul de France aux Iles Canaries. Il remplissait cette charge avec sagesse et habileté quand la guerre d'Espagne éclata. Il subit la répercussion des grands évènements de la péninsule. Les Espagnols des Canaries se révoltèrent brutalement contre le représentant de la France ; le consulat fut saccagé, le drapeau lacéré et le consul lui-même exposé aux pires avanies. Prisonnier et interné dans la forteresse de Ténériffe, Pierre-Paul Cuneo d'Ornano y resta six ans, jusqu'à ce que la paix générale de 1814 l'eût rendu à la liberté. Il vint en Corse, fut nommé Consul général de France, mais refusa tout poste. Il acheva sa vie en 1835.

RÉVÉREND PÈRE JOSEPH-MARIE CUNEO D'ORNANO (1749-1809). Il naquit à Ajaccio le 7 février 1749. Entré à quinze ans dans l'Ordre des Clercs réguliers de la Mère-de-Dieu, il en prit l'habit en 1765 et fit ses vœux solennels en 1767. Ordonné Prêtre en 1774, affecté à la Maison de Naples en 1775, il y demeura jusqu'en 1787; cette année là, il fut rappelé à Rome et assigné à la Maison mère; il devint bientôt Assistant général de l'Ordre et Curé de Sainte-Marie in Campitelli; un peu plus tard, il était fait, par Pie VII, Consul-

---

(1) D'après Renucci, Storia di Corsica.

teur de la Sacrée Congrégation des Rites ; il mourut, dans ces diverses fonctions, le 15 novembre 1809. Son existence a été complètement remplie par le ministère ecclésiastique et la participation au gouvernement de l'Eglise. Sa vie s'étant passée « pie ac religiose » lui a valu un éloge nécrologique du Chapitre général de son Ordre qui se tint en 1824.

I. ET R. Monseigneur Nicolas CUNEO d'ORNANO (1752-1824).
Il était né à Ajaccio le 15 avril 1752. Il commença ses études au Collège des Jésuites de sa ville natale et alla les achever à l'Université de Rome où il fut reçu Docteur. Entré dans les Ordres, il devint Secrétaire du Cardinal de Bernis, Ambassadeur du Roy de France près le Saint-Siège, et remplit délicatement ces fonctions. Substitut de l'Auditeur de Rote pour la France en 1783, il conquit vite, dans ce fameux Tribunal, une situation prépondérante et allait sans doute y siéger lorsqu'éclata la Grande Révolution qui bouleversa Rome. L'abbé Cuneo d'Ornano dut s'exiler et se cacher aux environs de Florence où il vécut dans la retraite jusqu'en 1799. A cette époque, le Saint-Siège étant restauré, il rentra dans la Ville Eternelle. Attaché au Cardinal Caprara, Légat du Pape en France, en 1800, il vint à Paris et prit part aux négociations du Concordat; aux Tuileries, on lui offrit une haute situation dans le Clergé français; il la refusa et revint à Rome avec la mission papale, en 1803.

Pie VII mit alors l'abbé en prélature ; Monseigneur Cuneo d'Ornano fut fait Camérier secret de Sa Sainteté et Chanoine de Saint-Jean-de-Latran cette année même; il s'acquitta brillamment et consciencieusement de ses fonctions dans la Maison pontificale et au Chœur de la Première Basilique de la Chrétienté.

Prélat de la Maison du Pape, Référendaire de la Signature Papale de Justice et *Ponente del buon governo* en 1806, il occupa dignement ces hautes charges de l'entourage du Souverain Pontife, du Suprême Tribunal des Etats de l'Eglise et de l'Administration municipale de Rome. Quand les pays romains furent annexés à l'Empire français, Napoléon le fit solliciter tout particulièrement de donner l'exemple de la soumission à ses lois en prêtant le serment, en mettant à sa disposition ses magistratures et en incitant autour de lui à la reconnaissance du pouvoir impérial. Non seulement il refusa, mais, profitant d'une nombreuse assemblée du clergé et du peuple romain dans la Basilique Latérane, dans un discours enflammé et pénétrant, il exhorta vivement ses auditeurs à rester fidèles au Souverain légitime et à résister à l'Empereur. Cette attitude lui valut d'être immédiatement arrêté par le Général Miollis et déporté en France. Prisonnier d'Etat, il fut autorisé à résider à Antibes que commandait justement un de ses frères, le Colonel Cuneo d'Ornano. Il vécut là jusqu'en 1814.

Dès que Pie VII fut remonté sur son trône, Monseigneur Cuneo d'Ornano rentra à Rome ; il fut fait Protonotaire apostolique et Lieutenant de la *Camera Apostolica*. Il soutint vaillamment le fardeau des affaires sans nombre dont il eut à s'occuper ; ses jugements sont marqués d'une assimilation complète des matières légales et d'une équité à toute épreuve.

Il fut appelé, en 1823, à la charge de Consulteur de la Congrégation des Rites, et, dans ces délicates fonctions, fit preuve de ses qualités ordinaires.

Monseigneur Cuneo d'Ornano fut nommé par Pie VII, le 10 mars 1823, Assesseur du Saint-Office. C'est dans cette dernière situation cardinalice et considérable de la Suprême Inquisition Romaine et Universelle, en défendant et soutenant la religion avec une rare énergie et une conscience scrupuleuse, qu'il acheva sa vie. Il allait être fait Cardinal, — il avait déjà reçu l'avis confidentiel de sa prochaine promotion, — quand il fut frappé de maladie.

Il mourut en quelques jours, le 8 septembre 1824, béni et regretté de Léon XII, pleuré du monde romain ; on lui fit de solennelles funérailles dans l'église Saint-Louis-des-Français où son tombeau est orné d'un médaillon, de bas-reliefs et d'inscriptions.

Le *Journal de Rome* — feuille pontificale, — du 6 octobre 1824, lui consacra une Notice dont voici le début : « Ce serait un acte d'ingratitude de ne point parler, après leur mort, de ceux qui, par la dignité de leur conduite, ont su mériter l'estime publique. — Tel était Monseigneur Cuneo d'Ornano. Il naquit à Ajaccio, en 1752, d'une antique et illustre famille, etc... » L'article se terminait ainsi : « Le Cardinalat allait couronner sa carrière quand ses forces, ne suffisant plus au désir qu'il avait de les consacrer tout à l'accomplissement de ses devoirs, diminuèrent de jour en jour. Atteint d'une maladie de langueur, il vit approcher sa fin avec la tranquillité du juste. Le 8 septembre, il reposa dans le Seigneur, en laissant au monde sa mémoire honorée et l'exemple d'une rare vertu (1). »

Général Antoine-François CUNEO D'ORNANO (1759-1840). Né à Ajaccio en 1759, il fit ses études au Collège des Jésuites de sa ville natale.

A dix-sept ans, il reçut, en 1777, un brevet de Sous-Lieutenant au

---

(1) L'abbé Mastaï Ferretti, avant de devenir Pape sous le nom de Pie IX, avait été secrétaire de Mgr Cuneo d'Ornano. Sa Sainteté aimait à se rappeler ses premières fonctions et daigna souvent le dire aux neveux du prélat.

régiment Royal Corse. Il rejoignit son corps à La Rochelle et participa, aussitôt, dans l'armée des Côtes de Bretagne, à la guerre d'Amérique, à l'issue de laquelle il reçut des félicitations du Maréchal comte De Vaux, commandant en chef. Lieutenant au même corps en 1785, il tint garnison successivement à Phalsbourg, Arras, Boulogne, Montreuil et Aire. Royal Corse étant supprimé, il passa, en 1788, au bataillon Chasseurs Corses et alla à Montpellier. Chasseurs Corses fut chargé de pacifier les esprits et réprimer les insurrections qui avaient éclaté dans le Centre à la veille de la Révolution française. Au Puy en Velay, le peuple s'ameuta contre la troupe, une catastrophe allait se produire ; le Lieutenant Cuneo d'Ornano parvint, par son courage et son éloquence, à éviter l'effusion du sang, ce qui lui valut les félicitations de Louis XVI, l'estime et la sympathie de tous.

Capitaine au 27e de ligne en 1792, il fit partie de l'armée des Alpes en 1792, de celle du Rhin, devenue armée de Sambre-et-Meuse, en 1793 et 1794 et y fut chargé d'opérations importantes. Dans les Alpes, à la tête de quelques troupes légères, il harcela l'ennemi, fit plusieurs prisonniers, enleva deux convois de munitions et brûla deux magasins à vivres. Sur le Rhin, Aide-de-Camp de Desaix, il fut chargé, lors des affaires de Wissembourg, du commandement de la position de Fischbach où, quoique blessé, il tint bon, repoussa vingt assauts autrichiens et conserva la situation. Quelque temps après, appelé à couvrir la retraite du camp de Nothweilher, il s'acquitta brillamment de sa tâche et permit aux Français de se replier en bon ordre ; Desaix lui donna un certificat élogieux où il déclara que tous ceux qui l'emploieraient pourraient le faire avec confiance et estime. Plus tard, le Capitaine Cuneo d'Ornano, lors de la reprise des lignes de Wissembourg, enleva ce village dans une charge héroïque et assura la délivrance de Landau ; mais cette dernière action lui coûta cher : horriblement blessé, désarçonné et laissé pour mort sur le champ de bataille, il ne fut sauvé que par miracle ; des soins empressés le rappelèrent à la vie et lui permirent — du moins, il le crut alors — de continuer sa carrière. A peine rétabli, il retourna se battre. A l'Etat-Major du Général Hatry, il assista au siège de Charleroi, à la bataille de Fleurus, où, montant le fameux ballon, il se distingua tout particulièrement et fut blessé en observant l'ennemi. Il négocia la reddition de la place de Luxembourg et livra le combat de Deitz-sur-Shan. Il fut plusieurs fois cité à l'ordre de l'Armée. Son « aristocratisme » le rendit suspect et le fit dénoncer au Comité de Salut Public, qui le chercha et voulut le faire mourir. Il échappa à ces poursuites et continua son service.

Chef de Bataillon et Commandant supérieur du groupe fortifié de de Landau-Manheim-Neckerau en 1795, il repoussa les assauts ennemis et évita aux habitants les dangers d'un siège, ce qui lui mérita une épée d'honneur que lui donnèrent, en reconnaissance de son courage et de son dévouement, la garnison et la population.

Chef de Brigade et Adjudant-Général à l'Etat-Major de l'armée du Danube, en 1799, il fut, quelques mois plus tard, nommé Général de Brigade. Cette nomination n'eut pas d'effet et il fut, au contraire, compris dans la mesure générale des réformes du 12 vendémiaire an X pour ses nombreuses et graves blessures.

Cependant, il fut bientôt rappelé à l'activité et nommé, comme Colonel, au commandement de la place d'Antibes et de son arrondissement militaire, puis créé Chevalier de la Légion d'honneur, en 1801. Tout en conservant son premier commandement, il reçut, en 1807, le commandement supérieur du département du Var. Il défendit les côtes de Provence contre plusieurs débarquements anglais qu'il prévint ou repoussa, notamment au cap Roux en 1809, à Saint-Tropez et à Agay en 1811, ce qui lui valut d'être proposé pour Officier de la Légion d'honneur. Lieutenant du Roy, Gouverneur d'Antibes et Chevalier de Saint-Louis en 1814, il resta fidèle à son devoir de soldat, quoiqu'il eût eu tout intérêt à l'oublier, lorsque Napoléon, le 1er mars 1815, ayant débarqué au golfe Juan et lui ayant fait demander de lui livrer, en échange de toutes sortes de récompenses, Antibes pour en faire le point d'appui de sa marche sur Paris, il refusa de livrer la place confiée à sa garde et fit subir à l'Empereur le seul échec qu'il ait rencontré dans sa marche triomphale à travers la France. Une loi du 1er mars 1815 déclara que le commandant et les hommes de la garnison d'Antibes avaient bien mérité de la Patrie, et décida qu'il lui serait décerné une récompense nationale. Cependant, Napoléon était redevenu Empereur des Français ; il fit appeler auprès de lui son « ennemi ». L'entrevue fut ce qu'on peut penser. Le Colonel répondit aux reproches de l'Empereur qu'il avait fait son devoir. L'Empereur lui dit : « Eh bien ! je vous fais Général ; servez-moi comme vous avez servi Louis XVIII. »

Maréchal-de-Camp (1), Gouverneur de Valence et Commandant supérieur du département de la Drôme en 1815, il parvint, en tenant tête au Général autrichien Frimont et à ses troupes, à sauver tout le matériel de l'armée du Maréchal Suchet et à éviter aux populations confiées à sa garde les horreurs d'une seconde invasion.

---

(1) Cette nomination, comme toutes celles faites pendant les Cent-Jours, ne fut pas confirmée par la Restauration.

Admis à la retraite, sur sa demande, en 1816, il se retira quelque temps après à Rome, où il s'établit. Il consacra le reste de sa vie à mettre en ordre de nombreuses notes prises au cours de ses campagnes et à administrer gracieusement les Royaux Etablissements Pies Français des Etats de l'Eglise.

Il mourut le 20 août 1840; il a été inhumé dans l'église Saint-Louis-des-Français. Son tombeau porte cette inscription : « *Ossa Antonii Marchionis Cuneo de Ornano.* »

Il avait épousé à Strasbourg, en 1793, Joséphine de Christen; celle-ci mourut plusieurs années avant lui, en 1836 ; elle fut inhumée en l'église Saint-Louis-des-Français, à Rome. Sa pierre tombale porte ces lignes : « Ici repose la marquise Joséphine Cuneo d'Ornano, née de Christen, décédée, comme elle a toujours vécu, en femme vertueuse et chrétienne, ce 24 avril 1831. »

François-Joseph CUNEO D'ORNANO (1794-1863). Il était né le 11 décembre 1794 dans le Haut-Rhin, à Issenheim, où ses parents habitaient momentanément. Elève du Lycée impérial de Marseille, il y fit de solides et brillantes études qu'il termina à seize ans.

En 1813, il fut compris dans la troisième promotion et le quatrième régiment des Gardes d'honneur, et partit aux armées. Il y arriva porteur d'une lettre de la princesse Pauline Bonaparte, qui le recommanda comme son parent. Il ne fut Soldat qu'un seul jour, le 6 juin 1813 ; le lendemain 7, il était Brigadier, et le 15 juillet, il passait Maréchal des Logis ; le 7 septembre, il était nommé Lieutenant. Appelé au commandement d'un escadron, à dix-sept ans, il fut à la hauteur de sa tâche. Il fit les campagnes de Leipzick et de la rive gauche du Rhin, dans lesquelles il eut la main droite et les pieds gelés, et enfin l'immortelle campagne de France. Il se distingua tout particulièrement sur le champ de bataille de Château-Thierry, le 12 février 1814, et fut, pour cela, décoré de la main même de l'Empereur, le soir de la lutte (1). La chute de l'Empire et la paix qui s'ensuivit mirent fin à cette carrière si bien commencée et pleine de promesses. Le jeune Officier rentra dans ses foyers.

On lui proposa un emploi de Garde du Corps du roi Louis XVIII, il refusa et se consacra à l'Administration civile. Il fut attaché à la Préfecture de la Corse et devint plus tard Conseiller de Préfecture. Il abandonna ses fonctions en 1820, et alla rejoindre, à Rome, son père et l'un de ses oncles, le Prélat, qui y habitaient. Le Pape voulut le faire Officier supérieur de son armée, il n'accepta pas cette honorable épée, dési-

---

(1) Il devait aussi plus tard, en 1857, recevoir la médaille de Sainte-Hélène.

rant se consacrer uniquement aux lettres et aux sciences, pour lesquelles il avait un véritable penchant. Il publia dès lors successivement plusieurs ouvrages, parmi lesquels on remarque, en statistique : *La Corse*, 10 volumes, 1827 ; ce travail fut couronné par l'Institut de France ; en histoire : *Napoléon au golfe Juan*, 1830 ; *Rome*, 1840 ; *Politique et Religion*, 1842 ; *Rome et Pie IX*, 1848 ; *Retour de Pie IX à Rome*, 1850 ; *l'Europe et Napoléon III*, 1858 ; *Coup d'œil sur l'Algérie*, 1863 ; en prose et poésie, trois tragédies : *Aben Hamed et Zaïda*, 1834 ; *David dans le désert*, 1836 ; *Jephté*, 1838 ; en vers, une tragédie : *Eponine et Sabinus*, 1829 ; diverses poésies lyriques, dont *Marc Aurèle aux Romains*, 1820 ; *Ode à Monseigneur de Quelen à Rome*, 1825 ; *l'Enfant Jésus*, 1825 ; *la Prise d'Alger*, 1830 ; *Recueil pour les Polonais*, 1832 ; *Trois ex-voto à la Madone*, 1833 ; *A la France*, 1835 ; *le Cimetière de campagne*, 1840 ; *Rome*, 1843 ; *la Jeune Fille mourante à sa mère*, 1843 ; *la Mort*, 1844 ; *Pie X et l'Italie*, 1845 ; *Hymne à l'Immaculée Conception*, 1858 ; un grand nombre de discours et rapports académiques, etc., etc.

Le marquis François Cuneo d'Ornano devint Membre de l'Académie des Arcades, en 1825 ; de l'Académie des Risvegliati d'Orvieto, en 1826 ; de l'Académie Tibérine, en 1848 ; de l'Académie des Quirites, en 1852 ; de l'Institut Historique de France, en 1846.

Ses occupations savantes ne l'éloignaient pas du terrain sur lequel il devait principalement servir. Conseiller général des Etats de l'Eglise, il fut, de 1846 à 1852, mêlé aux affaires romaines. Il combattit l'anarchie et travailla à la restauration de l'ordre. Cela lui valut de voir son palais de Rome et son domaine de San Procolo dans la Campagne romaine envahis par les révolutionnaires, mais lui permit de saluer dans une ode brillante, en 1849, *le Retour de Pie IX à Rome* et d'offrir les clefs de la Ville au Pontife redevenu Monarque.

La fin de sa vie fut attristée par les événements romains qui se précipitèrent à partir de cette époque et dont il comprit toute l'importance. Il mourut en 1863, à Oran, dans l'une de ses propriétés où il était allé se reposer ; il finit comme il avait toujours vécu, en homme d'honneur et en chrétien.

Le marquis François Cuneo d'Ornano avait épousé à Rome, en 1828, Marie-Grâce Lascaris Darmis, qui mourut du choléra, en 1837, et fut inhumée à Rome, et en secondes noces, à Bastia, en 1839, Adélaïde Dyonnet, décédée en 1898, à Paris, où elle fut inhumée.

COMMANDANT ANNIBAL-NICOLAS CUNEO D'ORNANO (1796-1877), né à Ajaccio en 1796. Il entra en 1811, à quinze ans, dans la Marine, comme Cadet. Aspirant en 1815, il arriva rapidement, par ses talents et son zèle, aux plus hauts grades. Enseigne de vaisseau en 1821, Lieutenant de vaisseau en 1827, Capitaine de frégate en 1832, Capitaine de vaisseau en 1841, Chevalier, puis Officier de la Légion d'Honneur, il allait recevoir les étoiles quand un fait glorieux, mais qui amena des complications diplomatiques, brisa sa carrière. Il avait, en 1840, reçu de Louis-Philippe lui-même, qui voulait honorer le frère de celui qui lui avait inspiré l'idée de ramener les cendres de Napoléon Ier à Paris (voir note suivante), le commandement de la *Belle-Poule*, que venait de commander le Prince de Joinville, et qui avait récemment rapporté le cercueil de l'Empereur en France. Le Commandant Cuneo d'Ornano fut chargé d'aller, avec son bâtiment, promener le drapeau français sur les côtes de Syrie où on avait oublié de le faire voir et où il était utile de le montrer. Un jour, en 1845, arrivant en rade de Beyrouth où mouillaient déjà une escadre turque, anglaise et autrichienne, le Commandant Cuneo d'Ornano apprit que le drogman du Consulat de France venait d'être fait prisonnier et enlevé par les Turcs. Fidèle aux principes de la Marine française, n'écoutant que son indignation et empressé de venger l'honneur de son pays, il exigea que l'on relâchât sur le champ l'agent national et, devant le refus des indigènes, décida de le reprendre de vive force.

Le Commandant ordonna à sa frégate le branle-bas de combat et craignant autant l'intervention de la flotte étrangère que la résistance des Syriens, il plaça son navire entre les forts de la terre et l'escadre, ses matelots prêts à combattre, les canons chargés. Puis, il fit mettre à la mer six embarcations armées et descendre à terre trois cents hommes pour aller chercher le prisonnier. Ceux-ci avec hardiesse et sans coup férir s'acquittèrent brillamment de leur mission ; ils enlevèrent le drogman au milieu d'un camp de mille Turcs, pendant que leur frégate tenait tête aux navires étrangers. La France était vengée. Cependant, cet audacieux coup de main provoqua de l'émotion en Europe, en même temps que de l'enthousiasme en France, à Ajaccio notamment, où une foule immense se porta à la rencontre de la *Belle-Poule* et du Commandant Cuneo d'Ornano lorsque, rappelés d'urgence, le navire et son Capitaine vinrent, quelques jours plus tard, mouiller dans la rade (décembre 1845). Des notes diplomatiques furent échangées. L'étranger réclama le désaveu de l'acte du Commandant Cuneo d'Ornano. La France, qui se félicitait de la conduite de son officier devant Beyrouth s'y refusa, mais céda enfin devant la menace d'une guerre. Le Commandant Cuneo d'Ornano, malgré ses hautes capacités, son long et brillant commandement à la mer, son intrépidité peu commune, reçut, du Ministre de la Marine, une lettre qui, en lui exprimant des félicitations pour son acte et les regrets de se priver de ses services, lui ôtait le commandement de la *Belle-Poule*. A la Chambre des Députés, dans un débat orageux, M. de Malleville reprocha au Gouvernement sa faiblesse vis-à-vis de l'étranger, tout en le félicitant de l'attitude de son brillant marin dans les eaux turques, et reconnaissant que ce jour là la politique de la France avait été digne, forte et courageuse.

Le Commandant Cuneo d'Ornano se retira à Ajaccio où il acheva sa vie, entouré du prestige de son acte, le 4 janvier 1877.

Président Dominique CUNEO d'ORNANO (1799-1884). Né à Ajaccio le 31 décembre 1799, il entra de bonne heure dans la magistrature et devint très vite Procureur du Roi et Avocat général à la Cour royale de Bastia, puis, en 1830, Président du Tribunal d'Ajaccio. Il a laissé dans les diverses charges qu'il a occupées, et surtout dans la dernière, qu'il remplit quarante et un ans durant, refusant toujours tout avancement, si brillant qu'il fût, le souvenir noble et précieux du « magistrat », et sa figure est de celles qui honorent la Magistrature.

Cependant, il avait aussi été fait Chevalier de la Légion d'honneur et était devenu Membre, puis Président du Conseil général de la Corse. C'est sous sa présidence et à son instigation que le Conseil général vota une adresse au Roi, lui demandant de faire rentrer en France les cendres de Napoléon Ier abandonnées à Sainte-Hélène. Le Président Cuneo d'Ornano se chargea de déposer lui-même ce vœu au pied du trône de Louis-Philippe. Il se rendit à Paris, ce qui, à cette époque, était un voyage très long et fort coûteux, et, malgré le Gouvernement qui l'en dissuadait, il vit le souverain. Il fut assez heureux pour amener le monarque à envisager sérieusement cette question, favoriser ensuite le développement de la légende napoléonienne, et faire les démarches à Londres. On sait le reste.

C'est donc grâce au Président Cuneo d'Ornano que s'est réalisé ce vœu du Grand Empereur : « Je désire que mes cendres reposent sur les bords de la Seine, au milieu de ce peuple français que j'ai tant aimé ». « En la personne du Président Cuneo d'Ornano, la Ville d'Ajaccio a perdu l'un de ses enfants les plus honorés et les plus dignes de l'être. Ses funérailles ont été célébrées solennellement. Décrire la pompe et la gravité du convoi est au-dessus des forces. On ne décrit pas, en quelques lignes, toute une ville debout, émotionnée, reconnaissante, escortant le cercueil qui renfermait les restes de celui qui fut un grand magistrat, un gentilhomme accompli, un chrétien convaincu, un citoyen d'élite (1). »

---

(1) D'après les journaux du temps.

Le Président Dominique Cuneo d'Ornano mourut à Ajaccio le 31 juillet 1884.

Pierre-Paul CUNEO D'ORNANO (1835-1903). Il naquit à Ajaccio le 26 septembre 1835. « Armé de fortes et solides études... il avait tout d'abord, par tradition familiale, embrassé la carrière de la Magistrature, et, en peu de temps, il était devenu le plus jeune et un des plus brillants Procureurs impériaux. Et l'éloge n'est pas banal, car... pour être simplement Procureur impérial, il fallait être quelque chose et presque quelqu'un. » Conseiller général « à la chute de l'Empire, on le retrouve, luttant pour les idées de liberté qui lui sont chères, à la tête de ce vaillant parti libéral insulaire... au sein du Conseil général qui, à cette époque, avait plutôt l'aspect d'une Chambre de représentants que d'une simple Assemblée départementale... Pierre-Paul Cuneo d'Ornano fut, dans toute l'acception du mot, le *vir bonus dicendi peritus.* » « Cet homme qui s'éteignit sans bruit et qu'accompagna à sa dernière demeure la foule sympathique, mais silencieuse, qui se presse d'ordinaire autour du cercueil de ceux qui furent des honnêtes gens et des hommes de bien, avait semblé appelé à jouer un rôle prépondérant dans les destinées de la France. Tout l'y conviait : sa fortune, l'influence de sa famille, de brillantes alliances, une valeur personnelle incontestable »... « Pierre-Paul Cuneo d'Ornano ne put jamais arriver au Parlement où le poussaient cependant sa grande influence et son vigoureux talent. A cette époque d'arrivistes, où si facilement tous les principes sont foulés aux pieds, où l'on brûle aujourd'hui ce qu'on adorait hier, il ne pouvait y avoir de place pour un homme comme Pierre-Paul Cuneo d'Ornano qui avait, en même temps, et sa conscience et tout un passé de famille à respecter (1) ».

Pierre-Paul Cuneo d'Ornano est mort le 12 janvier 1903.

Gustave CUNEO D'ORNANO (1845-1906). Né à Rome le 17 novembre 1845. Après avoir fait de solides et brillantes études chez les Pères Jésuites, où il eut pour professeur de rhétorique le savant Père Biron, il fit son droit et fut attaché à la Préfecture de la Seine.

Officier de mobiles pendant la guerre de 1870-71, sous les ordres de l'Amiral de La Roncière le Noury, il commanda une compagnie du 13e bataillon de la Seine, et conduisit bravement ses

---

(1) D'après les journaux de l'époque.

hommes au feu aux combats du Bourget, de Saint-Denis, de Villetaneuse, de Stains, etc. ; puis, pendant l'insurrection de la Commune, il servit volontairement dans l'armée de Versailles. Il déposa l'épée quand seulement la paix fut faite et l'ordre rétabli ; encore est-il qu'il se réservait de la reprendre le cas échéant, car il restait dans les formations de réserve, où il devint bientôt Capitaine d'infanterie.

Député de la Charente, élu pour la première fois en 1876 et, depuis lors, toujours triomphalement réélu jusqu'à sa mort, il a occupé avec son programme conservateur, dans le monde politique contemporain, une situation prépondérante.

Conseiller général de la Charente, il a, pour sa région, fait édifier tout une législation économique qui lui a valu la reconnaissance de tous les intéressés et a largement contribué à la prospérité de ce pays.

Pendant ses funérailles — la mort l'avait frappé le 17 mai 1906, au lendemain de sa neuvième élection législative, — un de ses collègues disait de lui dans le discours d'adieu : « Ecrivain distingué, orateur brillant, Cuneo d'Ornano a parcouru le chemin de sa vie avec une fière indépendance et une loyauté superbe. Il était bien le chevalier sans peur et sans reproches des anciens âges. » Et M. le Chanoine Chaumet, Vicaire-Général de S. G. Mgr l'Evêque d'Angoulême et Archiprêtre de Cognac, qui présida le service solennel, dans son Oraison funèbre, prononça des paroles qu'il convient de citer ici. Il dit : « Devant cette mort..... il n'y a de place que pour les larmes, les prières..... ; il ne peut plus y avoir de division de partis..... A son devoir, largement, courageusement et toujours, Gustave Cuneo d'Ornano obéit avec son intelligence supérieure qui n'hésitait jamais, avec un amour généreux qui s'oubliait lui-même..... ; il obéit en toute liberté, ne subissant jamais l'intimidation des menaces ni la séduction des faveurs..... Il est un point où il n'a jamais fait défaut, un but qui a été la volonté de toute sa vie : il a voulu, il a cherché, il a toujours appelé la pacification religieuse dans notre pays...; on ne découvrirait pas un vote dans sa vie, pas un mot dans ses discours pour asservir l'Eglise de Dieu » (1).

Gustave Cuneo d'Ornano a laissé un grand nombre d'œuvres, parmi lesquelles on remarque : *les Associations religieuses*, 1892 (étude du droit d'association en France depuis la Révolution) ; et *la République de Napoléon*, 1893, (histoire politique du xixe siècle).

---

(1) En 1901, il célébra ses noces d'argent parlementaires et, à cette occasion, il fut l'objet, de la part de ses amis et de ses électeurs, de fêtes sympathiques, dont tous ceux qui en furent ont conservé le souvenir.

BIBLIOGRAPHIE

On trouvera des détails sur la famille CUNEO D'ORNANO et ses membres en général dans les ouvrages historiques concernant Gênes, Sienne, Naples, la Corse, Venise, Rome et la France, et plus spécialement dans les ouvrages suivants :

Annales (de Gênes), Casoni. Gênes.

In vitas summorum pontificum ad Sixtum IV, Platina. Venise, 1479.

Chronica sacra, sanctuario di Corsica, Salvatore Vitale. Florence, 1639.

Italia sacra, Ferd. Ughelli. Rome, 1644-62.

Istoria dell' ultima guerra tra i Veneziani et i Turchi, Jérôme Brusoni. Venise, 1673.

Histoire de la République de Venise. Nani, Venise, 1673.

Les Corses français, Le Chevalier L'Hermite-Soulier. Paris, 1667.

Italia sacra, Ferd. Ughelli. Venise, 1717-22.

Histoire des Révolutions de la Corse, Abbé de Germanes. Paris, 1771-76.

Code corse ou *Recueil des édits, déclarations, lettres-patentes, arrêts et règlements publiés en Corse depuis la soumission au Roy*. Paris, 1778-92.

Mes premiers dix-huit mois dans le monde, Marquis François Cuneo d'Ornano. Rome, 1820.

Mémoires sur 1815, Fleury de Chaboulon. Londres, 1820.

Le Mémorial de Sainte-Hélène, Comte de Las-Cases, 1822.

Notice nécrologique sur l'I. et R. S. Nicolas Cuneo d'Ornano, Cardinal in petto, Assesseur du Saint-Office, etc., Extrait du *Journal de Rome*. Rome, 1824.

Histoire de la Révolution française, A. Thiers. Paris, 1823-27.

Statistique de la Corse, Marquis François Cuneo d'Ornano. Rome, 1827.

Ephémérides universelles, Albert de Vitry et Rousseau. Paris, 1828.

Histoire de l'Ordre royal et militaire de Saint-Louis, M. d'Aspect. Paris, 1828.

Napoléon au golfe Juan, Marquis François Cuneo d'Ornano. Paris, 1830.

Storia di Corsica, F. O. Renucci. Bastia, 1833-34.
Impressions de voyages, Alexandre Dumas. Paris, 1838.
Histoire générale de la Corse, M.-O. Jacobi. Paris, 1835.
Voyage en Orient, Alphonse de Lamartine. Paris, 1835.
Notice nécrologique sur le Marquis Antoine Cuneo d'Ornano, etc., Extrait du *Journal de la Corse*, A.-A. Ajaccio, 1840.
Panthéon de la Légion d'Honneur. Paris, 1840.
Histoire de la République de Gênes, Emile Vincens. Paris, 1842.
L'Italie, Rome, M.-D.-D. Farjasse. Paris, 1843.
La Cathédrale d'Ajaccio, Alexandre Arman. Paris, 1844.
Voyage en Corse du Duc d'Orléans, Sorbier. Paris, 1845.
Histoire du Consulat et de l'Empire, Adolphe Thiers. 1845-62.
Histoire de la Noblesse de Corse, Borel d'Hauterive. Paris, 1849.
Antibes ancien et moderne, J.-P. Paris 1849.
Dictionnaire de la Conversation. Paris, 1850.
L'Eglise romaine en face de la Révolution, Cretineau-Joly. Paris, 1859-63.
Histoire de la Banque de Saint-Georges de Gênes, prince Adam Wisyniewski. Paris, 1865.
Notice sur la vie et les ouvrages du Marquis François Cuneo d'Ornano, Ernest Breton. Paris, 1863.
Souvenirs du fort de l'Est, — 13e *mobiles,* — Abbé Jules Bonhomme. Paris, 1871.
Encyclopédie du XIXme siècle. Paris, 1872.
Grand Dictionnaire Larousse. Paris, 1874.
Historique du 82me d'infanterie, Capitaine Arvers. Paris, 1876.
L'Année politique, André Daniel. Paris, 1876-1906.
Etat présent de la Noblesse française, Bachelin Deflorenne. Paris, 1884.
Armorial général, Riestap. Paris, 1887.
Armorial corse, Colonna de Cesari-Rocca. Paris, 1890.
Historique du 74me régiment d'infanterie, Paris, 1890.
Dictionnaire des Contemporains. Paris, 1890.
Le Drapeau du 27me régiment d'infanterie, Capitaine Carnot. Dijon, 1891.
Hoche (sa vie, sa correspondance), Capitaine Cuneo d'Ornano. Paris, 1892.
Historique du 53me régiment d'infanterie, Capitaine Duval. Paris, 1892.
1815, Henry Houssaye. Paris, 1893-1906.
La République de Napoléon, Gustave Cuneo d'Ornano, député. Paris, 1894.

Dictionnaire héraldique et historique de la Noblesse française, M. de Mailhol. Paris, 1895.
Nouveau Dictionnaire Larousse. Paris, 1893.
La Bibliothèque d'Ajaccio, Louis Campi. Ajaccio, 1895.
Histoire militaire des Corses au service de France, Xavier Poli. Ajaccio, 1898.
Notes et documents sur Ajaccio, Lieutenant-Colonel Campi. Ajaccio, 1901.
La Genèse de Napoléon. M.-Q. Marcaggi. Paris, 1902.
Rivista del Collegio Araldico. Roma, 1905.
Le Nid de l'Aigle, Colonna de Cesari-Rocca. Paris, 1905.
Historique du 27ᵐᵉ régiment d'infanterie. Paris, 1905.
Hoche en Vendée, Capitaine Carnot. Paris, 1906.
Hospice civil d'Ajaccio, J. Campi. Ajaccio, 1906.
Almanachs royaux, impériaux et nationaux de 1789 à 1908.
Annuaires et journaux du temps, notamment : le Moniteur universel, le Journal officiel, etc.
Etc., etc.

APPENDICE

PATRIMOINE DE LA FAMILLE

La Famille CUNEO d'ORNANO qui se fixa à Ajaccio vers 1551 est, depuis lors, restée fidèle à cette ville. Elle ne l'a pas quittée depuis cinq siècles.

Elle possède dans cette ville le fonds de son patrimoine, notamment l' « Hôtel Cuneo d'Ornano » et ses sépultures, l'une à la Cathédrale, l'autre aux Padules.

L'Hôtel Cuneo d'Ornano est l'ancienne maison des seigneurs d'Ornano, à Ajaccio, qu'elle reçut d'eux en 1583 et qu'elle n'y a, depuis lors, cessé de posséder. Construit dans l'architecture du pays et du temps, il est remarquable par ses vastes proportions (quatorze fenêtres de façade). Le portail, en marbre, est surmonté des armoiries de la famille, finement sculptées au xvie siècle ; il comporte un seuil dont l'usure — respectée à dessein — porte toujours l'empreinte de ceux qui l'ont franchi. Un escalier de pierre avec rampe en fer forgé conduit aux appartements de réception, où l'on remarque deux salons de vastes proportions, dits : l'un « la Caminetta » et l'autre le « Salon rouge ». Le premier comporte l'ameublement des pièces du xviie siècle, époque à laquelle il fut construit ; le second, orné de damas rouge de Gênes, porte l'empreinte du xviiie siècle, date où il fut aménagé. Çà et là, des tableaux et des souvenirs de famille rappellent la mémoire des ancêtres.

L'Hôtel possède une nombreuse et précieuse collection des archives de la famille.

C'est dans la Cathédrale, dans la chapelle de la *Madonna del Pianto*, que se trouve l'ancienne sépulture de la famille. Cette chapelle fut jadis utilisée par elle, jusqu'à ce que le décret de l'an XIII l'en eût privée. Elle avait hérité de la jouissance de cette chapelle de Pierre-Paul d'Ornano, Colonel-Général des Corses au service de Venise, beau-père et père de Jules et Giacometta Cuneo d'Ornano, et par eux. Cette chapelle est fort belle. Construite par Dominique Tintoret, avec le concours d'ouvriers venus exprès d'Italie, elle est surtout remarquable par ses peintures délicates et ses fines sculptures. On distingue sur le devant de l'autel en marbre et sculptées par un ciseau habile les armes de la famille Cuneo, devenue Cuneo d'Ornano. Cette chapelle de la Madonna del Pianto a coûté à son constructeur la somme de plus de 200,000 francs de notre monnaie d'aujourd'hui.

A la suite de la mesure générale vexatoire de l'an XIII, la famille Cuneo d'Ornano fit inhumer ses morts dans un dépôt provisoire, puis, de là, dans la sépulture qu'elle a fait construire dans sa belle et vaste propriété des Padules, au milieu d'une véritable forêt d'orangers. Là s'élève (1) une chapelle funéraire en pierre, surmontée des armoiries de la famille. « A l'intérieur, on remarque un ancien tableau de très grande valeur, représentant un guerrier debout, les mains jointes, le regard en attente de quelque chose, et déjà saisi par un ange qui va l'enlever sans doute dans un monde meilleur, passant les derniers instants de sa vie à consacrer sa postérité à la Vierge, par l'entremise de saint Antoine de Padoue. »

Le tableau porte au-dessus cette inscription : « Petrus Paulus Ornano, pro Republica Veneta totius Militiæ Corcicæ Tribunus ».

C'est le portrait de Pierre-Paul d'Ornano, ancêtre de la famille Cuneo d'Ornano.

A côté de ce tableau se voyait, il y a encore quelque temps, la pierre tombale de son fils, dont voici l'épitaphe : « D. O. M. — A la mémoire de François d'Ornano, fils unique de Pierre-Paul d'Ornano et de Franchesta d'Istria, valeureux jeune homme qui fit ses premières armes, n'ayant que quatorze ans, dans l'armée pontificale, à Terracine. Il entra ensuite dans l'armée vénitienne et tint garnison à Vérone, ville frontière. A la fleur de l'âge, à vingt ans, la mort vint arrêter son aspiration à la gloire, le 6 février 1628. Son père Pierre-Paul et ses oncles Dominique, François-Marie et Pierre-Marie, plongés dans la douleur ont déposé ici son cadavre l'an du salut 1608. »

Plus loin, on voit cette autre épitaphe : « Sacellum Deo Maximo Optimo in honorem Michælis Arcangeli tumulumque Jo : Baptistæ eccl : Cath : Adj : fratri desideratissimo, sibi posterisque posuere Jo : Francus, Petrus Paolus, Mich : Angelus, Nicolaus, Antonius, Aloysius Gentis Cuneo de Ornano. — Anno MDCCCXI men : Jan : XXV. »

Dans cette chapelle reposent plusieurs membres de la famille décédés de 1803 à nos jours.

La Famille Cuneo d'Ornano a aussi dans l'Eglise Saint-Louis-des-Français de Rome plusieurs tombeaux, notamment ceux de

---

(1) Ce monument a été édifié par M. François Cuneo d'Ornano, qui habite actuellement l' « Hôtel Cuneo d'Ornano » d'Ajaccio, et conserve pieusement le patrimoine immobilier de la famille.

Mgr Cuneo d'Ornano; puis ceux du Marquis Antoine Cuneo d'Ornano et de la Marquise Joséphine Cuneo d'Ornano, ces deux derniers défunts auteurs de la branche de Rome. Elle a jadis fondé dans la Ville Eternelle une chapellenie destinée à assurer des prières perpétuelles à ses membres vivants et défunts.

www.ingramcontent.com/pod-product-compliance
Lightning Source LLC
Chambersburg PA
CBHW060502050426
42451CB00009B/778